Vorwort

Warst du schon einmal im Wald?
Hier gibt es so viel zu entdecken! Winzig kleine Käfer und riesengroße Bäume, singende Vögel und manchmal – wenn du ganz leise bist – auch scheue Tiere wie einen Igel oder einen Fuchs. Ein Tag im Wald kann ein richtiges Abenteuer werden!

Doch wie leben diese Tiere eigentlich? Was fressen sie besonders gerne? Und was ist in der Nacht los im Wald, schlafen da alle?

In diesem Waldbuch findest du viele interessante Dinge über die Tiere und Pflanzen des Waldes. Mit Hilfe von Zeichnungen kannst du sie alle ganz leicht selber nachbasteln.

Viel Spaß beim Basteln, Spielen und Begreifen!

Birgit Karl

ALLGEMEINER TEIL

WERKZEUG

DAS BRAUCHST DU ZUM BASTELN

- Schere
- Kleber (flüssig und Klebestift, zum Teil Kraftkleber)
- Bleistift, Radiergummi
- Anspitzer
- Filzstifte in verschiedenen Farben
- Wachsmalkreiden in verschiedenen Farben
- Buntstifte
- verschiedene Pinsel
- Lackstifte in Schwarz, Weiß, Blau und Rot

→ Manchmal braucht man nur ein sehr kleines Stück Tonpapier einer Farbe. Dann kann man es auch mit einem Buntstift entsprechend bemalen!

TIPP: Liebe Eltern! Am besten, Sie fertigen die Schablonen bevor Ihr Kind bastelt. Dann kann Ihr Kind gleich loslegen!

Blätter pressen:

Lege die Blätter, die du gesammelt hast, zwischen Löschpapier oder Küchenpapier und beschwere sie mit dicken Büchern. So bleiben sie beim Trocknen flach und lassen sich besser verarbeiten. Du solltest sie je nach Größe der Blätter ein bis drei Wochen pressen!

ALLGEMEINER TEIL

Vorlagen übertragen:

Du kannst alle Modelle in diesem Buch selbst malen. Wenn du aber einige noch nicht selbst hinbekommst, kannst du die Vorlagen abpausen.

SCHRITT 1

Nimm dazu einen Bogen dünnes Malpapier oder auch Transparentpapier und fahre die Linien einfach mit einem Bleistift nach.

SCHRITT 2

Diese Kopie kannst du nun ausschneiden und auf das richtige Papier legen. Wenn du diese Schablone nun mit einem Bleistift umfährst, hast du die Vorlage schon übertragen! Für kleinere Kinder ist es hilfreich, wenn sie dazu UHU patafix nehmen.

SCHRITT 3

Das übertragene Objekt mit der Schere ausschneiden.

DER WALD

Der Wald

Ein Wald ist wie eine Familie. Bäume, Pflanzen und Tiere leben zusammen und helfen sich gegenseitig: Der Wald bietet den Tieren Futter, Schutz und ein Zuhause und im Gegenzug dazu helfen die Tiere, den Wald sauber zu halten.

WAS MACHT DER WALD ?!

Der Wald hat auch noch andere Aufgaben:
- Die Bäume im Wald helfen, unsere Luft, die wir atmen, wieder sauber zu machen.
- Im Wald ist es schön ruhig und man kann sich dort gut erholen.
- Die Wurzeln der Bäume sorgen dafür, dass die Erde bei starkem Regen oder Überschwemmungen nicht weggewaschen wird.
- Der Wald speichert Wasser.
- Der Wald ist unser Holzlieferant. Ohne ihn könnten wir keine Möbel und keine Spielsachen bauen. Manche Häuser werden mit Holz beheizt.

DAS FENSTERBILD

BASTELANLEITUNG

MATERIAL BILD

- Fotokarton in Dunkelgrün, Hellgrün und Braun
- Malpapier in Weiß
- Wachsmalkreiden

MATERIAL SPECHT

- Fotokarton in Weiß, Hellgrün und Braun
- Wachsmalkreiden
- Feder von einem leer geschriebenen Kugelschreiber

SCHRITT 1
Schneide aus dem Fotokarton eine Baumkrone, einen Baumstamm und eine Wiese aus.

SCHRITT 2
Klebe alles zusammen, wie du es auf dem Bild siehst. Natürlich kannst du auch einen Laubbaum basteln.

SCHRITT 3
Male nun mit deinen Wachsmalkreiden die Waldtiere und den Pilz auf das weiße Papier und schneide sie aus. Wenn du Tiere noch nicht so gut malen kannst, findest du sie hier auch als Vorlage. Klebe nun die Tiere auf den Baum und auf das Gras.

TIPP: Wenn du Lust hast, kannst du noch mehr Bäume basteln und andere Tiere wie z. B Wildschweine oder Rehe dazu malen!

DER SPECHT

SCHRITT 1

Schneide die beiden Baumteile aus dem Fotokarton und klebe sie zusammen.

SCHRITT 2

Male den Specht auf den weißen Fotokarton, bemale ihn mit deinen Wachsmalkreiden und schneide ihn aus.

SCHRITT 3

Klebe die Kugelschreiberfeder von hinten an den Bauch des Spechts.

Seinen Fuß klebst du an das andere Ende der Feder. Nun brauchst du den Specht nur noch am Baumstamm befestigen. Nach dem Trocknen kann er loswackeln!

Vorlage Hase

Vorlage Specht

Vorlage Pilz

Vorlage Vogel

Vorlage Eichhörnchen

Die Rothirschfamilie

Es gibt auf der ganzen Welt 54 Hirscharten! Bei uns sind aber vor allem der Rothirsch, das Reh und das Damwild bekannt. Hier siehst du den Rothirsch einmal genauer: Sein Fell ist im Sommer rotbraun und im Winter graubraun. Das Hirschkalb hat auf dem Rücken noch weiße Punkte. Hirsche leben in Rudeln zusammen, das heißt, es leben mehrere Familien beieinander.

DIE ROTHIRSCHFAMILIE

BASTELANLEITUNG

MATERIAL HIRSCHELTERN

- je eine Toilettenpapierrolle
- je ein Styropor-Ei, 4 cm breit, 6 cm hoch
- je fünf Bastelhölzchen, 1 cm breit, 10 cm lang
- Acrylfarbe in Rehbraun und Weiß
- Fotokartonrest in Braun
- Filzrest in Braun

Zusätzlich für Hirschmann:
- zwei Ästchen, 8 cm lang

SCHRITT 1

Kürze jedes Bastelhölzchen mit einer großen Schere um 3 cm. **Achtung! Lass dir dabei von einem Erwachsenen helfen!** Stecke eines der Hölzer als Hals in das Styropor-Ei.

SCHRITT 2

Schneide in die Papprolle eine Kerbe, die ca. 2 mm breit und 1,5 cm lang ist. **Auch hier kannst du wieder jemanden um Hilfe bitten.**

SCHRITT 3

Klebe die vier übrigen Bastelhölzchen an die Rolle. Den Hals mit dem Kopf klebst du in die Kerbe.

10

DIE ROTHIRSCHFAMILIE

MATERIAL HIRSCHKALB

- Toilettenpapierrolle
- Styropor-Ei, 2,5 cm breit, 4 cm hoch
- 3 Bastelhölzchen, 1 cm breit, 10 cm lang
- Acrylfarbe in Rehbraun und Weiß
- Fotokartonrest in Braun
- Filzrest in Braun

SCHRITT 1

Das Hirschkalb wird fast genauso wie der Rothirsch gebastelt, ist aber kleiner:

Schneide die Papprolle längs auf und kürze sie um 4 cm. Schneide zudem von der Längsseite noch ca. 2 cm ab. Klebe die Rolle wieder zusammen.

SCHRITT 2

Halbiere die Bastelhölzchen und klebe sie an. Das Hirschkalb wie auf dem Bild bemalen. Wie den Rothirsch fertig basteln.

SCHRITT 4

Nun kannst du deinen Hirsch bemalen. In die noch feuchte Farbe tupfst du mit einem Borstenpinsel weiße Farbe auf den Bauch und auf die Schnauze des Hirsches. Nach dem Trocknen kannst du das Gesicht mit einem schwarzen Lackstift aufmalen.

SCHRITT 5

Schneide aus dem Fotokarton zwei Kreise mit dem Durchmesser der Papprolle aus und klebe sie auf die Öffnungen der Rolle. Die Ohren aus Filz werden am Kopf angeklebt.

SCHRITT 6

Der Hirsch bekommt noch sein Geweih aus den beiden Ästchen aufgesteckt.

→ **Die Vorlage findest Du auf Seite 54.**

Das Baumbuch

Es gibt sehr viele verschiedene Bäume. Und auch wenn jeder Baum anders aussieht, unterscheidet man immer Laubbäume und Nadelbäume. Die **Laubbäume** verlieren im Herbst ihre Blätter. Wenn sie ihre Blätter abwerfen, ist es leichter für sie, die kalten Wintertage zu überstehen. Im Frühling wachsen wieder neue Blätter nach. Die **Nadelbäume** sind immer grün. Die alten Nadeln fallen zwar das ganze Jahr über ab, aber es wachsen gleich wieder neue nach. Die Nadeln haben eine dickere Haut als die Blätter. Darum trocknen sie im Winter nicht aus und bleiben am Baum.

DAS BAUMBUCH

REKORDE

Der älteste Baum heißt Methusalem und ist eine Grannenkiefer. Er steht in Amerika im Staat Kalifornien und ist etwa 4900 Jahre alt. Bei uns wurden Eichen, Eiben und Linden schon über 1000 Jahre alt.

Der höchste Baum der Welt ist ein Küstenmammutbaum namens Hyperion. Er ist 115,55 m hoch und hat einen Stammdurchmesser von über 7 m.

Der höchste Baum Deutschlands ist die 60,10 m hohe Douglasie im Stadtwald von Eberbach (Baden-Württemberg).

Der dickste Baum ist der Ahuehuete-Baum in Mexiko, eine Zypressen-art. Er ist über 40 m hoch und sein Stammesumfang beträgt 58 m. Der größte Durchmesser beträgt 14 m.

Der gigantischste Baum ist der General Sherman Tree. Er ist 84 m hoch und hat einen Umfang von 31 m. Der Baum steht in Nordkalifornien.

EICHE

KASTANIE

BASTELANLEITUNG

LAUBBAUM

MATERIAL BÄUME

- gepresste Blätter, z. B. von Eiche, Buche und Kastanie
- Nadeln von Tanne und Kiefer
- Fotokartonreste in Braun, Hellbraun, Gelb
- Briefpapierbogen
- Malpapier in Weiß
- Buntstifte in Hellbraun und Dunkelbraun
- Acrylfarbe in Dunkelgrün und Braun
- Lackstift in Gold

SCHRITT 1

Klebe auf jeden Bogen Briefpapier ein anderes gepresstes Blatt.

SCHRITT 2

Die Kastanien und Eicheln kannst du aus Fotokarton basteln. Schneide dazu alle Teile aus und klebe sie zusammen. Die Buchecker kannst du mit Buntstiften auf weißes Papier malen und ausschneiden.

SCHRITT 3

Klebe die Früchte zu den richtigen Blättern und schreibe den Namen des Baumes dazu.

NADELBAUM

SCHRITT 1

Male für die Nadelbäume zunächst mit der braunen Acrylfarbe einen Zweig auf jeden Bogen Briefpapier und lasse sie trocknen.

SCHRITT 2

Dann malst du mit einem dünnen Pinsel viele Nadeln an die Zweige. Die Tanne hat kurze Nadeln und die Kiefer sehr lange.

SCHRITT 3

Mit Buntstiften kannst du nun den Zapfen auf weißes Papier malen und ausschneiden.

SCHRITT 4

Klebe den Zapfen und einige echte Nadeln zu den richtigen Bäumen und schreibe ihren Namen dazu.

TIPP: Du kannst alle Bögen an der linken Seite lochen und mit einer Kordel zu einem richtigen Baumbestimmungsbuch zusammenbinden! Es gibt noch viele andere Bäume, die du auf diese Weise beschreiben kannst: Fichten, Obstbäume, Ahorn, ...

→ Die Vorlage findest Du auf Seite 54.

DER BAUM

Der Baum

An einem Baum unterscheidet man verschiedene Teile: Die **Baumkrone** besteht aus vielen Ästen und Zweigen, an denen die Blätter oder Nadeln wachsen. Damit fängt der Baum das Sonnenlicht ein, das er zum Wachsen braucht. Der **Stamm** trägt die Krone und wird von der Rinde geschützt. Die **Wurzeln** sorgen dafür, dass der Baum nicht umfällt. Außerdem erhält er über die Wurzeln Wasser und wichtige Salze und Nährstoffe aus dem Boden.

DER BAUM

WIE LEBT DER IGEL ?!

Igel leben nicht nur im Wald, sondern auch in Gärten und Parks. Sie wohnen in Laub- und Reisighaufen.

Igel können besonders gut hören und riechen, dafür sehen sie aber sehr schlecht.

In der Nacht sucht sich der Igel sein Futter. Er frisst gerne Mäuse, Käfer, Larven, Würmer, Spinnen, Schnecken und manchmal auch Obst.

Man darf einem Igel niemals Milch zu Trinken geben, er wird sehr krank davon! Viel besser schmeckt ihm ein wenig Hackfleisch oder Katzenfutter!

Du darfst mich beim Winterschlaf niemals stören! Das wäre sehr gefährlich für mich. Wenn du einmal einen meiner Freunde im Winter herumlaufen siehst, kannst du ihn zum Tierarzt oder ins Tierheim bringen.

DER BLÄTTERIGEL

BASTELANLEITUNG

MATERIAL BLÄTTERIGEL

- verschiedene gepresste Blätter
- Brief- oder Kopierpapier
- für den Igel: Pompon in Rot, Durchmesser 1 cm

SCHRITT 1

Breite die gepressten Blätter vor dir auf dem Tisch aus, damit du sie dir genau ansehen kannst. Überlege dir, was du daraus machen möchtest.

SCHRITT 2

Dann legst du die Blätter, die du für dein Motiv ausgewählt hast, auf einen Bogen Papier. Wenn es dir gefällt, kannst du es mit flüssigem Kleber festkleben.

SCHRITT 3

Das Gesicht sowie die Arme und Beine, das Gras, den Himmel und eine Sonne kannst du mit Filzstiften aufmalen.

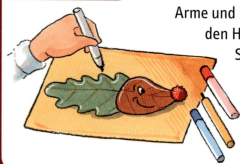

DAS BAUMBILD

MATERIAL BAUMBILD

- Fotokarton in Hellblau, A3
- gepresste Blätter, z. B. vom Ahornbaum
- Acrylfarbe in Braun und Hellgrün

SCHRITT 1

Klebe zunächst die gepressten Blätter kreisförmig auf den Fotokarton. Zum Trocknen solltest du sie mit einem dicken Buch beschweren, dann kleben sie besser.

SCHRITT 2

Male mit der braunen Farbe einen Baumstamm dazu. Mit einem dünneren Pinsel kannst du die Wurzeln ergänzen. Mit der grünen Farbe malst du das Gras.

SCHRITT 3

Nach dem Trocknen kannst du mit einer braunen Wachsmalkreide die Erde malen. Wenn du magst, kannst du auch echte Erde aufkleben: Streiche ein Stück des Papiers mit Kleber ein und streue die Erde darauf, dann trägst du auf das nächste Stück Kleber auf usw.

Die Ameisen

Manchmal findet man im Wald Hügel, die aussehen, als hätte jemand Tannennadeln zusammengefegt. Das waren die Waldameisen, sie sind richtige Schwerstarbeiter! Sie können Lasten tragen, die viele Male schwerer sind als sie selbst.

DIE AMEISEN

AMEISENHÜGEL !!!

Einen Ameisenhügel darf man niemals zerstören, dort wohnt ein ganzer Ameisenstaat. Ameisen sind sehr nützliche Tiere: Sie fressen Pflanzen und Reste von toten Tieren. Das Futter schleppen sie auf Ameisenstraßen in ihren Bau, daher sagt man, sie räumen den Wald auf.

Im Inneren des Ameisenhaufens gibt es sehr viele Gänge und Kammern.

Die Ameisenkönigin legt ständig Eier, aus denen Maden schlüpfen. Die Arbeiterinnen bringen sie in die Kammern und füttern sie, bis sie dick und fett geworden sind. Dann verpuppen sich die Maden und nach einer Weile schlüpft eine fertige Ameise heraus.

DIE AMEISEN

BASTELANLEITUNG

MATERIAL AMEISE

- 2 Holzperlen, Durchmesser 18 mm
- Holzperle, Durchmesser 12 mm
- Papierdraht in Weiß, 2 x 1 cm lang und 3 x 2,5 cm lang
- Acrylfarbe in Schwarz
- Schaschlikstäbchen, 4,8 cm lang

SCHRITT 1

Bestreiche das Schaschlikstäbchen mit Kleber und stecke eine große, dann eine kleine und noch einmal eine große Holzperle darauf.

SCHRITT 2

Knicke die längeren Papierdrahtstücke in der Mitte und klebe sie als Beine an den Ameisenkörper. Die Fühler klebst du an den Kopf.

SCHRITT 3

Bemale die ganze Ameise schwarz und lasse sie gut trocknen. Anschließend malst du mit Lackstiften das Gesicht auf.

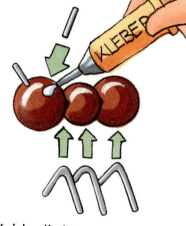

TIPP: Es gibt auch rote Waldameisen, wenn du magst, kannst du also die schwarze Farbe durch rote ersetzen!

DIE AMEISEN

MATERIAL AMEISENHAUFEN

- Tonpapier in Hellblau, A4
- Bast in Natur, 2 Stränge, je 1 m lang
- Acrylfarbe in Schwarz
- Wattestäbchen

SCHRITT 1

Male mit deinen Wachsmalkreiden eine Wiese, Äste, einen Ameisenhaufen usw. auf das blaue Papier.

SCHRITT 2

Schneide den Bast in kleine Stücke und klebe diese als Ameisenhaufen auf dein Bild.

SCHRITT 3

Tauche das Wattestäbchen mit der Spitze in schwarze Farbe und tupfe immer drei zusammenhängende Punkte auf das Bild. Du kannst so viele Ameisen tupfen wie du möchtest.

SCHRITT 4

Nach dem Trocknen kannst du den Ameisen mit einem schwarzen Filzstift noch Fühler und Beine malen.

23

Fuchs & Dachs

Der **Fuchs** gehört zu den Hundeartigen. Ganz deutlich erkennt man das an seiner Sprache: er kann bellen, heulen und jaulen wie ein Hund. Allerdings macht er das nur selten.
Den **Dachs** kann man nur sehr selten sehen, weil der sehr scheu ist und immer genau seine Umgebung beschnuppert, bevor er seinen Bau verlässt. Außerdem schläft er tagsüber. Wenn es dunkel wird, sucht er nach Regenwürmern, Schnecken, Mäusen, Vogeleiern, Kaninchen, Beeren und saftigen Wurzeln.

FUCHS & DACHS

HÄTTEST DU'S GEWUSST ?!

Was macht der Fuchs?
Tagsüber schläft er in seinem Fuchsbau, den er sich öfter auch mit einem Dachs teilt.
Nachts geht der Fuchs dann jagen. Er frisst gern Mäuse, Hasen, Vögel, Würmer, Aas, aber auch Obst und Beeren.
Der buschige Schwanz heißt in der Jägersprache „Lunte" und der Fuchs nutzt ihn im Winter als kuschelige Decke.
Füchse gibt es überall auf der Welt, sie heißen dann z. B. Polarfuchs oder Wüstenfuchs und sehen ein bisschen anders aus.

Was macht der Dachs im Winter?
Im Winter hält der Dachs Winterruhe, das bedeutet, er steht nur sehr selten auf, um zu fressen. Den Rest der kalten Jahreszeit verschläft er einfach.

> Ich bin sehr schlau! Gelegentlich überliste ich meine Beute, indem ich mich tot stelle. Wenn dann eine Krähe oder ein anderer Aasfresser kommt, kann ich gleich zupacken!

FUCHS & DACHS

BASTELANLEITUNG

MATERIAL FUCHS

- großer Tannenzapfen
- Fotokartonrest in Rotbraun
- Buntstift in Weiß

SCHRITT 1

Übertrage den Kopf, den Schwanz und vier Pfoten auf den Fotokarton und schneide alles aus. Bemale die Teile wie du es auf dem Bild siehst.

SCHRITT 2

Knicke den Hals unten um, damit du ihn besser an den Tannenzapfen kleben kannst. Beim Schwanz machst du es genauso. Klebe nun noch auf jede Seite des Zapfens zwei Pfoten.

FUCHS & DACHS

MATERIAL DACHS

- leere, saubere Joghurtdrinkflasche
- Watte-Ei, 4,5 cm breit, 5,5 cm lang
- 4 Holzkugeln, Durchmesser 2 cm
- 3 Pompons in Schwarz, Durchmesser 1 cm
- Plüsch- oder Filzrest in Schwarz
- Acrylfarbe in Schwarz

SCHRITT 1

Klebe das Watte-Ei und die vier Holzkugeln mit flüssigem Klebstoff an die Flasche und lasse das Ganze gut trocknen.

SCHRITT 2

Bemale die Flasche und die Kugeln mit schwarzer Farbe. Am Kopf brauchst du nur an den Seiten zwei Dreiecke aufmalen.

SCHRITT 3

Schneide aus dem Plüsch oder Filz einen Schwanz aus und klebe ihn an das Hinterteil des Dachses.

SCHRITT 4

Die Ohren und die Nase werden am Kopf befestigt. Male noch die Augen und den Mund auf.

→ **Die Vorlage findest Du auf Seite 55.**

27

Die Blätter

Pflanzen atmen mit ihren Blättern. Sie nehmen Licht und Kohlendioxid auf und verwandeln das in Sauerstoff. Das nennt man Photosynthese. Es gibt unglaublich viele verschiedene Blattformen, von ganz kleinen wie beim Moos bis zu ganz großen.

DIE BLÄTTER

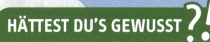

HÄTTEST DU'S GEWUSST ?!

Warum fallen die Blätter im Herbst ab?
Die Blätter von Laubbäumen verfärben sich im Herbst und fallen schließlich herunter. Das liegt daran, dass der Baum in den Blättern grüne Nährstoffe (Chlorophyll) speichert, die er im Herbst herauszieht. Es bleibt nur gelbe und rote Farbe, deswegen färben sich die Blätter bunt. Weil der Baum die Blätter dann nicht mehr braucht, fallen sie ab. Die schönen, bunten Blätter kann man dann sammeln.

Märchenhafte Waldbewohner
Im Wald findet man heute noch Stellen, die ganz zauberhaft und geheimnisvoll sind. Deswegen heißt es in Märchen, dass Feen in Wäldern wohnen. Für die Kelten waren es Elementargeister, die in Bäumen, Quellen und Bächen wohnten. Wer glaubt, dass jemand in einer Pflanze oder einem Bach wohnt, der geht sorgsam und respektvoll damit um. Und das ist sehr gut für die Natur.

DIE BLÄTTERFEE

BASTELANLEITUNG

MATERIAL
- verschiedene gepresste Blätter
- Brief- oder Kopierpapier
- Wasserfarben oder Acrylfarben

SCHRITT 1

Lege alle Blätter vor dich auf den Tisch, damit du sie genau sehen kannst.

Überlege dir eine Figur, die du mit den Blättern machen willst.

DIE BLÄTTERFEE

SCHRITT 2

Die ausgewählten Blätter ordnest du auf einem Bogen Papier an. Dann nimmst du das erste Blatt und bestreichst es mit Farbe. Drücke es mit der farbigen Seite nach unten auf das Papier. So machst du es mit allen anderen Blättern auch, bis dein Bild fertig ist.

SCHRITT 3

Nach dem Trocknen kannst du noch ein Gesicht und vielleicht eine Wiese und einen Himmel aufmalen.

TIPP:
- Du kannst beide Techniken auch kombinieren, so wie du es bei dem Schmetterling sehen kannst!
- Wenn du magst, kannst du deine Bilder auch mit Glitterkleber oder Pompons und Knöpfen verzieren!
- Sicher fallen dir viele schöne Blätterfiguren ein! Viel Spaß beim Ausprobieren!

DIE BLÄTTERELFEN

Die Blätterelfen

Elfen sind so ähnlich wie Feen. Sie kommen aus der Märchenwelt in Nordeuropa. In Island glaubt man noch heute an Elfen. Es gibt gute und böse Elfen. Zum Glück gibt es mehr gute Elfen, die sich darum kümmern, dass es der ganzen Natur gut geht.

DIE BLÄTTERELFEN

HÄTTEST DU'S GEWUSST?!

Elfen sind Naturgeister. Sie können fliegen und haben einen Zauberstab. Früher hatten die Menschen Angst vor Elfen und dachten es seien böse Geister von Verstorbenen. Sie machten sie für Albträume und Hexenschuss verantwortlich. Es gibt tolle Geschichten mit Elfen.

Ich bin die Blätterelfe und zaubere im Herbst die Blätter schön bunt. Dazu streue ich Elfenstaub und zaubere mit meinem Zauberstab. Oh! Wo habe ich den nur hingelegt?

DIE BLÄTTERELFEN

BASTELANLEITUNG

MATERIAL

- große Kastanie
- kleine Buchecker
- verschiedene gepresste Blätter
- Schaschlikstäbchen, ca. 20 cm lang
- Leichtknete in Orange oder Rot (1 Stange = ca. 18 g)
- Glitterliner in Gold
- Handbohrer

SCHRITT 1

Achtung! Jetzt muss ein Erwachsener helfen! Bohre in die Unterseite der Kastanie ein Loch. Stecke das Schaschlikstäbchen hinein.

SCHRITT 2

Suche dir einige schöne Blätter aus. Ordne sie an, wie es dir am besten gefällt, und klebe sie dann zusammen. Du kannst die Elfe noch mit dem Glitterliner verzieren, lass diesen aber gut trocknen. Das fertige Kleid klebst du an das Stäbchen.

DIE BLÄTTERELFEN

SCHRITT 3

Nimm dir für die Haare ungefähr eine halbe Stange Knete und forme daraus eine Kugel. Drücke sie platt und lege sie um den Kopf der Elfe. Dann formst du aus zwei kleinen Knetestückchen zwei Dreiecke und drückst sie als Zöpfe an die Haare. Mit einem Stift oder Zahnstocher kannst du noch feine Linien einritzen.

SCHRITT 4

Für die Elfenmütze brauchst du eine halbe Stange Knete. Forme daraus eine Kugel und drücke sie zu einer großen Scheibe. Diese knickst du in der Mitte, so dass ein Halbkreis entsteht. Den kannst du nun zu einer spitzen Tüte rollen, welche du dem Elfen aufsetzen kannst.

SCHRITT 5A

Male das Gesicht mit Lackstiften auf. Drücke die kleine Buchecker als Krone auf den Kopf der Elfe. Wenn du magst, kannst du sie vorher mit dem Glitterliner verzieren.

SCHRITT 5B

Beim Elfen das Gesicht aufmalen und den Hut aufsetzen.

TIPP: Du kannst auch noch andere Märchenfiguren wie Zwerge und Hexen basteln.

35

Kastanien, Zapfen & Co.

Kastanien, Zapfen und Bucheckern sind Baumfrüchte, in denen die Samen der Bäume sind. Deshalb wachsen unter den Bäumen auch oft kleine Bäume der gleichen Sorte. Eichhörnchen, Vögel und Rehe fressen diese Früchte aber auch.

KASTANIEN, ZAPFEN & CO.

BASTELANLEITUNG

MATERIAL ZWERG

- großer Kiefernzapfen
- Kastanie
- Lampionblume (Physalis)
- Filzrest
- Klebeknete

SCHRITT 1

Bemale die Kastanie mit einem Gesicht und klebe sie mit der Klebeknete auf den Kiefernzapfen.

SCHRITT 2

Schneide aus dem Filzrest einen kleinen Schal und klebe ihn um den Hals des Zwerges.

SCHRITT 3

Schneide von der Lampionblume den Deckel ab und setze das Hütchen dem Zwerglein auf.

TIPP: Den zweiten Zwerg und den Vogel kannst du ganz ähnlich wie den Wichtel basteln. Damit der Papierdraht beim Vogel so gedreht ist, musst du ihn um einen Bleistift wickeln.

KASTANIEN, ZAPFEN & CO.

MATERIAL WICHTEL

- 3 Kastanien
- Filzrest in Weiß
- ca. 11 Klebesterne in Gold
- Leichtknete in Lila (1 Stange = ca. 18 g) und kleines Stückchen in Rot
- Klebeknete (z. B. Uhu Patafix)

SCHRITT 1

Klebe die drei Kastanien mit der Klebeknete zusammen. Die unterste sollte am besten etwas abgeflacht sein, damit der Wichtel besser steht!

SCHRITT 2

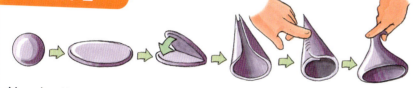

Von der Knete brauchst du eine halbe Stange. Forme daraus eine Kugel und drücke sie flach, so dass eine Scheibe entsteht. Diese knickst du in der Mitte. Den Halbkreis, den du jetzt hast, rollst du zu einem spitzen Hut, den du oben noch ein wenig umknicken kannst. Die Hutkrempe biegst du ein bisschen nach oben. Setze den Hut auf den Kopf des Wichtels.

SCHRITT 4

Nun brauchst du nur noch Augen aufzumalen und goldene Klebesternchen auf dem Wichtel verteilen.

SCHRITT 3

Schneide aus dem Filz einen langen weißen Bart aus und klebe ihn mit flüssigem Kleber an. Aus der roten Knete formst du eine runde Nase und klebst sie an den Bart.

→ **Die Vorlage findest Du auf Seite 55.**

Die Wildschweine

Wildschweine sieht man tagsüber fast nie. Sie sind eher nachts unterwegs. Die Weibchen heißen Bachen und leben in Rotten (Familien) von fünf bis 15 Tieren zusammen. Ein Männchen nennt man Keiler. Man kann sie leicht an ihren großen Zähnen, den Hauern, erkennen. Die Keiler leben alleine im Wald. Erwachsene Wildschweine haben ein schwarzbraunes, borstiges Fell. Die Frischlinge dagegen sind noch hellbraun und haben braune und weiße Streifen auf dem Rücken.

Ich fresse fast alles: Wurzeln, Knollen, Früchte, Pilze, Insekten, Schnecken, Mäuse, Frösche und Molche.

DIE WILDSCHWEINE

MATERIAL

- Fotokarton in Dunkelbraun
- Fotokartonrest in Hellbraun
- Wolle in Braun, ca. 50 cm lang

BASTELANLEITUNG

SCHRITT 1
Übertrage die beiden Wildschweine auf den entsprechenden Fotokarton und schneide sie aus.

SCHRITT 2
Bemale sie wie du es auf dem Bild sehen kannst.

Vorlage Frischling (2x)

DIE WILDSCHWEINE

SCHRITT 3

Klebe dem Frischling drei Wollstücke als Streifen auf.

SCHRITT 4

Schneide die Wolle in viele kleine Stücke und klebe sie mit flüssigem Kleber auf den Bauch der Wildschweinmama. Von hinten kannst du noch ein längeres Wollstück als Schwanz ankleben.

2×

Vorlage Wildschweinmama

TIPP: Du kannst die Wildschweine auch doppelt ausschneiden und oben zusammenkleben, dann kannst du sie aufstellen! Wildschweine bekommen bis zu sieben Junge, deshalb kannst du auch mehrere Frischlinge basteln!

DIE PILZE

Die Pilze

Pilze sind keine Pflanzen und keine Tiere, sie bilden eine eigene Gruppe!
Was wir als Pilze kennen, ist eigentlich der Fruchtkörper des Pilzes. Der eigentliche Pilz besteht aus einem Geflecht von weißen Fäden, dem Myzel, das den Boden durchzieht. Pilze können aber auch an Bäumen wachsen.

Ich bin der Wiesenchampignon und wachse auf Wiesen und Lichtungen.

Mich siehst du schon von Weitem aus dem Wald leuchten. Du kannst mich aber nicht essen! Ich bin der Fliegenpilz.

DIE PILZE

BASTELANLEITUNG

MATERIAL CHAMPIGNON

- ofenhärtende Modelliermasse (Fimo soft) in Sahara und Rest in Rot
- Zahnstocher

Hinweis: Fimopäckchen sind in acht Segmente unterteilt, das erleichtert die Mengenangaben, zwei Teile sind also zwei Fimosegmente!

SCHRITT 1

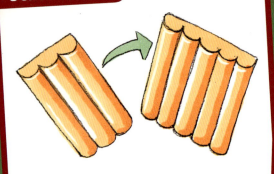

Teile dein Fimostück in drei und fünf Teile.

SCHRITT 2

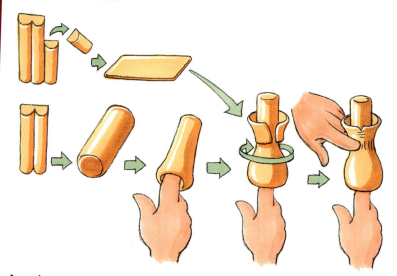

Aus den drei Teilen wird der Stiel gemacht. Trenne ein kleines Stückchen ab und forme daraus ein dünnes Rechteck. Aus dem Rest machst du eine Rolle. Bohre ins untere Ende ein Loch für deinen Finger. Das vorher angefertigte Rechteck legst du um den Stiel und drückst es vorsichtig fest.

DIE PILZE

SCHRITT 3

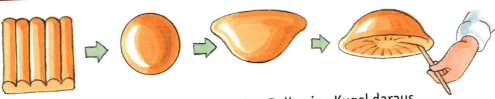

Aus dem Rest wird die Kappe angefertigt: Rolle eine Kugel daraus und drücke sie an der Unterseite platt, die Oberseite bleibt rund. Mit einem Zahnstocher kannst du Lamellen einritzen.

SCHRITT 4

Drücke die Kappe vorsichtig auf den Stiel und bringe eine Nase aus der roten Masse an.

SCHRITT 5

Der Pilz kann nun im Ofen gehärtet werden. **Achtung!** Jetzt muss ein Erwachsener helfen.

SCHRITT 6

Nach dem Abkühlen kannst du das Gesicht mit Lack- und Buntstift bemalen.

TIPP: Die anderen Pilze kannst du ungefähr wie den Champignon modellieren. Schau dir die Unterschiede genau auf den Bildern an. Wenn du alle vier Pilze modelliert hast, kannst du sie natürlich alle gleichzeitig im Ofen härten. Das spart Zeit und Strom! Da der Ofen sehr heiß ist, darfst du ihn nicht alleine bedienen.

DAS EICHHÖRNCHENSPIEL

BASTELANLEITUNG

MATERIAL

Für die Spielfiguren:
- vier Aststücke, je 2,5 cm stark, 4 cm lang
- vier kleine Walnüsse
- Chenilledraht in Rot, Gelb, Blau und Grün, je 10 cm lang
- Filzrest in Braun

2x

Vorlage Ohren

SCHRITT 1

Auf jedes Aststück eine Nuss kleben, gut trocknen lassen.

SCHRITT 2

In der Zwischenzeit acht Ohren aus Filz anfertigen, einschneiden.

SCHRITT 3

Die Ohren beim Einschnitt leicht übereinander legen und zusammenkleben. An den Köpfen der Eichhörnchen befestigen.

SCHRITT 4

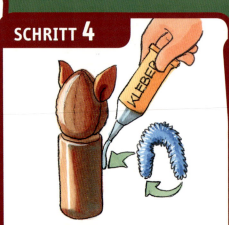

Die Chenilledrahtstücke mittig knicken und an jedes Eichhörnchen eine andere Farbe kleben.

SCHRITT 5

Mit Lack- und Buntstiften die Gesichter gestalten.

48

DAS EICHHÖRNCHENSPIEL

SPIELREGELN

DU BRAUCHST

- 4 Eichhörnchen-Spielfiguren
- Würfel (bis 6)
- Spanschachtel oder Körbchen, Durchmesser 8 cm bis 10 cm
- 20 Nüsse

SO WIRD GESPIELT

Auf dem Spielplan findest du verschiedene Zeichen:

 Du darfst dir eine Eichel aus dem Körbchen nehmen.

 Du hast Glück, du darfst dir eine Eichel von einem anderen Spieler nehmen.

 Leider hat dir das kleine Wildschwein eine Eichel weggefressen.

 Du musst dich vor dem Fuchs verstecken. In der nächsten Runde kannst du weiterlaufen!

Jeder Spieler setzt sein Eichhörnchen auf ein beliebiges freies Feld (es darf sich kein Zeichen auf dem Feld befinden!). Der jüngste Spieler beginnt und rückt um die gewürfelte Zahl im Uhrzeigersinn nach vorne. Kommt er auf ein Aktionsfeld, führt er diese aus. Dann ist der nächste an der Reihe.

SIEGER ist, wer als erster fünf Eicheln gesammelt hat!

Variante 1:
Wenn nur zwei Spieler mitspielen, kann man die Anzahl der Eicheln auf zehn erhöhen.

Variante 2:
Ältere Kinder können entscheiden, in welche Richtung sie vorrücken wollen. Sie lernen, vorausschauend zu handeln, indem sie überlegen, welche Richtung für sie günstiger ist!

WISSENSWERTES — **FÜR DIE ELTERN**

Den Wald entdecken

Gehen Sie gemeinsam mit Ihrem Kind auf Entdeckungsreise in den Wald und erfahren Sie gemeinsam, wie alle Sinne angeregt werden: die Vögel singen, es duftet nach Moos, man findet Äste und Zapfen am Boden und mit etwas Glück huscht ein kleiner Waldbewohner vorbei ...

Durch den behutsamen Umgang mit den Pflanzen und Tieren des Waldes lernt Ihr Kind ganz nebenbei die Natur zu schätzen und zu schützen.

Wieder zu Hause kann Ihr Kind das Erlebte und Entdeckte mithilfe dieses Buches kreativ umsetzen und die Welt des Waldes begreifen. Durch das Basteln kann man sich mit einer Wilschweinfamilie und den Bestandteilen eines Baumes auseinander setzen. Außerdem finden die Kinder eine Vielzahl an Informationen zu Fauna und Flora des Waldes.

Basteln in der kindlichen Entwicklung

Beim Basteln werden alle Sinne eingesetzt und die unterschiedlichsten Fähigkeiten gefördert. Kreatives Gestalten fördert die Geduld, die Geschicklichkeit und das Selbstwertgefühl.

Basteln ist auch ein soziales Erlebnis. Sei es, dass Ihr Kind beim gemeinsamen Kreativsein Ihre besondere Aufmerksamkeit erfährt, sei es, dass Geschwister oder Freunde zusammen basteln.

Zur Motivation ist es wichtig, die Interessen Ihres Kindes zu berücksichtigen und einen Gegenstand aus der Lebenswirklichkeit zu wählen. Eine sehr gute und einfache Vorbereitung ist ein Spaziergang im Wald.

FÜR DIE ELTERN

Material mit allen Sinnen begreifen

Für Kinder sind viele Materialien und Techniken noch neu. Deshalb betrachten und fühlen sie neue Materialien ganz aufmerksam. Lassen Sie Ihrem Kind die Zeit, sich mit dem neuen Material zu befassen und stellen Sie ausreichend Schmierpapier zur Verfügung. Besonders spannend ist das Basteln mit Naturmaterialien, vor allem, wenn man es vorher gemeinsam gesammelt hat: Jedes Blatt ist ein bisschen anders und ein stacheliger Kastanienigel fühlt sich so ganz anders an als die Kastanie, die drinnen verborgen war.

Kreativität

Kreativität und Fantasie werden ganz unterschiedlich angeregt. Fantasie hat viel mit Freiheit zu tun und Freiheit bedeutet auch, dass sich ein Kind gemäß seinen Bedürfnissen entfalten kann. Richten Sie Ihrem Kind einen Platz mit Farben, Papier und anderen Bastelmaterialien ein, an dem es eigenständig malen und basteln kann. Lassen Sie Ihr Kind möglichst viel selbst entscheiden, wie und was es bastelt.

Feinmotorik

Hand und Auge werden beim Basteln, Schreiben und Malen in der Koordination gefördert. So lernen Kinder, wie sie ihre Bewegungen abschätzen können. Kinder haben einen inneren Drang, ihre Feinmotorik zu üben, indem sie Stifte und Werkzeuge ausprobieren. Sie stellen sich selbst Aufgaben, ahmen ältere Kinder und Erwachsene nach und üben geduldig damit. Eine gute Feinmotorik ist eine wichtige Voraussetzung fürs Schreibenlernen.
Eine verkrampfte Hand beim Malen und Schreiben sowie eine auffällige Stifthaltung können Hinweise auf feinmotorische Beeinträchtigungen sein, die ein Ergotherapeut prüfen sollte.

Konzentration

Um etwas gut zu machen und auch zu Ende zu bringen, braucht man Konzentration. Die meisten Kinder können sich im Vorschul- und Grundschulalter maximal 60 Minuten lang konzentrieren. Alle Bastelobjekte sind so konzipiert, dass das Basteln kürzer dauert, so dass man es ohne Unterbrechung zu Ende bringen kann.
Es fördert die Konzentration, wenn weder Musik noch Fernseher nebenher laufen. Außerdem sind Ordnung, ausreichend Licht und frische Luft Voraussetzungen für konzentriertes Arbeiten.

Selbständigkeit

Durch die Arbeitsskizzen bei den Bastelanleitungen wissen auch Kinder, die noch nicht lesen können, wie es weiter geht. Geben Sie Ihrem Kind nur Hilfestellung, wenn es nicht weiter kommt! Sie können dem Kind dann den nächsten Schritt zeigen. Ihr Kind kann den Vorgang dann am eigenen Objekt nachmachen. Es macht viel mehr Spaß, alles selbst auszuprobieren, auch wenn es dann länger dauert.
Achtung! Einige Arbeitsschritte sollten gerade bei kleineren Kindern lieber von einem Erwachsenen durchgeführt werden. Dies ist im Text immer deutlich hervorgehoben.

Altersempfehlungen

Die Entwicklung jedes Kindes verläuft sehr individuell. Auch die Vorerfahrungen sind ganz unterschiedlich, daher sind die Angaben des Mindestalters nur Anhaltspunkte für die Auswahl des Bastelobjekts. Berücksichtigen Sie auch die jeweilige Situation: Zusammen mit Geschwistern wollen kleinere Kinder ganz sicher mitmachen. Aber auch größere Kinder basteln gerne einmal etwas Einfaches.

FÜR DIE ELTERN

WISSENSWERTES

Erklären Sie Ihrem Kind die Verhaltensregeln im Wald

- Leise sein, damit die Tiere nicht gestört werden.
- Nichts absichtlich zerstören, z. B. Pilze zertreten, Äste abreißen ...
- Tiere nur beobachten, niemals stören oder ärgern, keine Vogeleier oder junge Tiere anfassen.
- Keinen Abfall zurücklassen.
- Kein Feuer anzünden.
- Nur bekannte, häufige Pflanzen pflücken, damit keine seltenen Pflanzen zerstört werden.
- Wenn ein Hund dabei ist, an der Leine lassen.

FÜR DIE ELTERN

Seite	Motiv	Alters-empfehlung	Was lernt Ihr Kind? Was wird gefördert?
4	Baum mit Vogel und Pilz	4	Unterscheidung von Baumstruktur und Details
5	Baum mit Specht	4	Unterscheidung von Baumstruktur und Details, Mechanismus der Feder
8	Rothirschfamilie	5	Umgang mit Recyclingmaterial
12	Baumbuch	5	Unterscheidung verschiedener Bäume
16	Baum	4	Unterscheidung der Bestandteile eines Baumes
17	Blätterigel	4	Fantasie; Umgang mit Naturmaterial, Kenntnis über Jahreszeiten
20	Ameisen	5	Begreifen des Einzelnen und einer großen Menge
24	Fuchs	4	Umgang mit Naturmaterial, Kenntnis über Jahreszeiten
25	Dachs	5	Umgang mit Recyclingmaterial
28	Blätterdruck	4	Fantasie, Umgang mit Naturmaterial, Kenntnis über Jahreszeiten
32	Blätterelfen	6	Umgang mit Naturmaterial
36	Kastanienfiguren & Co.	7	Fantasie, Umgang mit Naturmaterial, Kenntnis über Jahreszeiten
40	Wildschweine	4	Geschicklichkeit
44	Pilze	7	Räumliches Vorstellungsvermögen
48	Eichhörnchen-Spielfiguren	4	Umgang mit Recyclingmaterial

Auf diesen Internetseiten erfährt man mehr über den Wald

Bitte beachten Sie, dass wir für den Inhalt der Seiten nicht verantwortlich sind und nicht für den Fortbestand der Seiten garantieren können.
www.pandazone.at (Kauz & Co. – Projekt) • **www.eulenwelt.de** • **www.kindernetz.de**
(→ Oli's Tierlexikon, „Das grüne Buch") • **www.waldwissen.net**

Die Vorlagen

Auf den folgenden Seiten findest du die Vorlagen, die direkt bei den Anleitungen keinen Platz mehr hatten. Du kannst sie nach der Anleitung auf Seite 3 zu Schablonen verarbeiten. Wenn du möchtest, dann kannst du einige Tiere und Bäume auch größer kopieren und basteln.

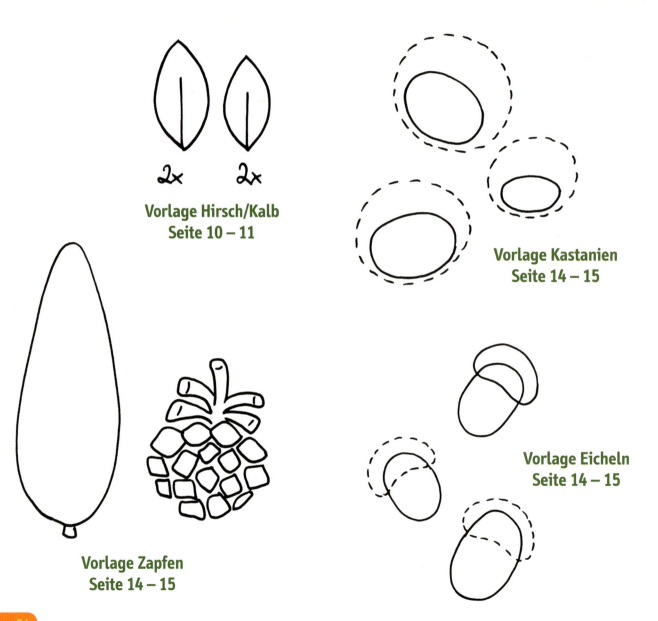

Vorlage Hirsch/Kalb
Seite 10 – 11

Vorlage Kastanien
Seite 14 – 15

Vorlage Zapfen
Seite 14 – 15

Vorlage Eicheln
Seite 14 – 15

DIE VORLAGEN

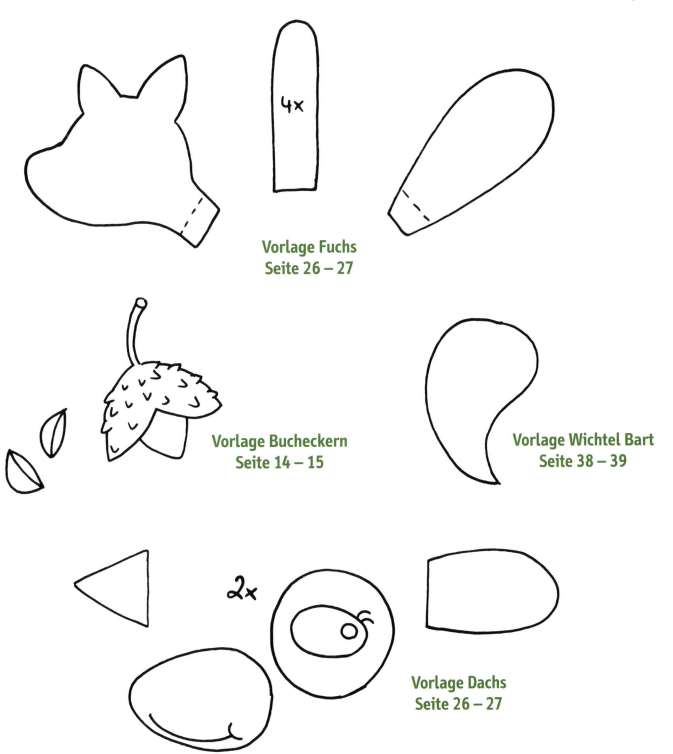

**Vorlage Fuchs
Seite 26 – 27**

**Vorlage Bucheckern
Seite 14 – 15**

**Vorlage Wichtel Bart
Seite 38 – 39**

**Vorlage Dachs
Seite 26 – 27**

55

DAS IMPRESSUM

TOPP junior
Das Bastelbuch mit Köpfchen!

TOPP 5700
ISBN 978-3-7724-5700-5

MODELLE: Birgit Karl
ARBEITSSKIZZEN: Ursula Schwab, schwab:illustrationen
PROJEKTLEITUNG: Cosima Joerger
KONZEPTION, REDAKTION UND LEKTORAT: Cosima Joerger
LEITUNG PRODUKTMANAGEMENT: Bernhard Auge
FOTOS: frechverlag GmbH, 70499 Stuttgart; Fotostudio Ullrich & Co., Renningen
GESTALTUNG: Christina Steeb, Melanie Suppressa, tab indivisuell GmbH, Stuttgart
REPRODUKTION: Karin Bauer, POINT prepress, Stuttgart
PRODUKTION: Balti.comm.SIA, 1010 Riga, Lettland

Materialangaben und Arbeitshinweise in diesem Buch wurden von der Autorin und den Mitarbeitern des Verlags sorgfältig geprüft. Eine Garantie wird jedoch nicht übernommen. Autorin und Verlag können für eventuell auftretende Fehler und Schäden nicht haftbar gemacht werden. Das Werk und die darin gezeigten Modelle sind urheberrechtlich geschützt. Die Vervielfältigung und Verbreitung ist, außer für private, nicht kommerzielle Zwecke, untersagt und wird zivil- und strafrechtlich verfolgt. Dies gilt insbesondere für eine Verbreitung des Werks durch Fotokopien, Film, Funk und Fernsehen, elektronische Medien und Internet sowie für eine gewerbliche Nutzung der gezeigten Modelle. Bei Verwendung im Unterricht und in Kursen ist auf dieses Buch hinzuweisen.

Auflage:
5.	4.	3.	2.	1.
2012	2011	2010	2009	2008

© 2008 frechverlag GmbH, 70499 Stuttgart

ISBN 13: 978-3-7724-5701-2
Best.-Nr. 5701